Oscar
n'est pas un braillard

Illustrations
Josée Masse

Directrice de la collection
Denise Gaouette

MAXI **Rat de bibliothèque**

Catalogage avant publication de Bibliothèque et Archives nationales
du Québec et Bibliothèque et Archives Canada

Gauthier, Bertrand
 Oscar n'est pas un braillard (MAXI Rat de bibliothèque ; 5)
 Pour enfants de 7 à 9 ans.

 ISBN 978-2-7613-2394-9

 I. Masse, Josée. II. Titre.
 III. Collection: MAXI Rat de bibliothèque (Saint-Laurent, Québec).

PS8563.A847O83 2007   jC843'.54   C2007-941105-3
PS9563.A847O83 2007

Éditrice : Johanne Tremblay
Réviseure linguistique : Nicole Côté
Directrice artistique : Hélène Cousineau
Conception graphique et édition électronique : Isabel Lafleur

ÉDITIONS DU RENOUVEAU PÉDAGOGIQUE INC.

5757, RUE CYPIHOT, SAINT-LAURENT (QUÉBEC) H4S 1R3
TÉLÉPHONE : (514) 334-2690   TÉLÉCOPIEUR : (514) 334-4720
erpidlm@erpi.com   www.erpi.com

Dépôt légal – Bibliothèque et Archives nationales du Québec, 2007
Dépôt légal – Bibliothèque et Archives Canada, 2007

Imprimé au Canada   1234567890 HLN 0987
ISBN 978-2-7613-2394-9   11601 ABCD   CO16

Des personnages de l'histoire

Oscar Brouillard

La famille d'Oscar

son père

son grand-père

sa mère

Des élèves de l'école

Edgar

Babette

Vladimir

Chapitre 1
Aigle majestueux
ou poule mouillée ?

Dans la maison du 2929, avenue de la Voie-Lactée, minuit sonne. À cette heure, Oscar devrait dormir sur ses deux oreilles. Malheureusement, il ne dort pas.

Au cours de la soirée, Oscar a bu beaucoup de boissons gazeuses et de jus de fruits. Beaucoup trop. C'est un peu normal, puisqu'il fêtait son anniversaire avec ses parents, son grand-père Célestin et Edgar, son meilleur copain. Mais, comme le dit un vieux proverbe arabe, « n'est pas chameau qui veut ».

De retour des toilettes pour la cinquième fois, Oscar marmonne :
« Les chameaux sont bien chanceux. Plus ils boivent, moins ils ont besoin de faire pipi. Je soupçonne ces limousines du désert de cacher des éponges géantes dans leur vessie. »

En passant devant la chambre de ses parents, Oscar croit entendre son nom. Il retient son souffle et colle son oreille contre la porte.

Les mots glissent sous la porte.
— … quand on a un seul fils et que ce fils agit ainsi, il y a de quoi être déçu, chuchote le père d'Oscar. Ce garçon est beaucoup trop solitaire. Il doit sortir de sa coquille.

Si Oscar s'attendait à cela! Décevoir
son père n'est pas une mince affaire.
Son père l'a appelé CE fils et non
MON fils.

Le père d'Oscar continue d'exprimer sa déception :

— Il faudrait que cet enfant soit plus débrouillard. Dans la vie, les gens qui refusent de lutter se font écraser par les autres. Il vaut cent fois mieux être un aigle majestueux qui déploie ses ailes qu'une poule mouillée clouée au sol.

Oscar est perturbé. Il regrette d'avoir
écouté à la porte de ses parents. S'il
le pouvait, Oscar effacerait à tout
jamais de sa mémoire les paroles de
son père.

Revenu dans son lit, une question
ne cesse de trotter dans sa tête :
« Comment vais-je réussir à devenir
un aigle majestueux ? »

Oscar s'endort sans avoir trouvé une réponse à sa question.

Chapitre 2

Petit chihuahua
et gros bébé lala !

Le lendemain matin, assis devant son bol de céréales, Oscar a un air de somnambule. Il n'est vraiment pas en forme. Sa nuit a été habitée par mille cauchemars.

Trois heures plus tard, à l'école des Météores-Filants, la cloche sonne. C'est la récréation.

Dans la cour, Oscar se tient à l'écart. Il n'a pas le goût de parler ni le goût de jouer. Il n'a surtout pas envie de faire rire de lui.

Aussi, quand Oscar voit s'approcher Babette Lotarie et Vladimir Lecoq, il ferme vite les yeux et formule un souhait :

« Cloche, fais-toi entendre. Mets fin tout de suite à la récréation, s'il te plaît ! s'il te plaît !... maintenant ! »

Oscar aura-t-il la chance d'être débarrassé de ces deux cruches par la cloche de l'école ?

La cloche reste silencieuse. Oscar va encore goûter aux méchancetés du couple Lotarie-Lecoq.

L'objectif des deux cruches est clair : humilier Oscar.

— *Tu t'appelles Oscar.*
Tu as deux ans et quart.
Oscar Brouillard !
Oscar Braillard !
Petit chihuahua !
Gros bébé lala !
Retourne vite à la garderie.
Va jouer avec les tout-petits.
Guili-guili !
Guili-guili !

Eh oui, Oscar est né un 29 février. Une fois tous les quatre ans, le mois de février a 29 jours au lieu de 28. C'est une année bissextile.

Donc, si on suit le calendrier à la lettre, Oscar vieillit beaucoup plus lentement que la plupart des gens. Son anniversaire n'a lieu qu'une fois tous les quatre ans. C'est pourquoi le couple Lotarie-Lecoq ne se gêne pas pour crier à Oscar qu'il n'a que deux ans et quart.

Même si Oscar est né un 29 février, on fête son anniversaire tous les ans. Aujourd'hui, Oscar affiche avec fierté un vrai huit ans. Mais le couple Lotarie-Lecoq s'en donne à cœur joie pour le traiter de gros bébé lala.

Heureusement, la cloche débarrasse enfin Oscar des assauts maléfiques des deux cruches. Du moins pour quelques heures...

Chapitre 3
Oscar Brouillard
ou Edgar Sicard ?

À l'école des Météores-Filants, la cloche sonne la fin de l'après-midi. Oscar ne veut pas subir une autre attaque du couple Lotarie-Lecoq. Il file donc à la vitesse de l'éclair.

En route, Oscar décide d'aller voir son grand-père Célestin. Il entre en coup de vent dans le musée des Galaxies vagabondes. C'est là que son grand-père travaille comme veilleur depuis plus de vingt ans.

Le grand-père d'Oscar n'est pas un veilleur de nuit. Il est plutôt un veilleur de visiteurs. Il calme les visiteurs qui se perdent dans le labyrinthe des constellations laiteuses. Et il rassure les visiteurs qui ont peur dans la bulle de la nébuleuse infinie.

Oscar adore son grand-père Célestin qui sait si bien l'écouter et répondre à ses questions.

— Que se passe-t-il, mon Oscar? demande le grand-père à son petit-fils. Mon *bissextile* préféré n'a pas l'air dans son assiette. Aurait-il trop mangé de gâteau, hier?

Avec le grand-père d'Oscar, il est impossible de faire semblant que tout va bien. Surtout quand tout va vraiment mal.

Oscar est venu voir son grand-père pour lui poser une **GRANDE** question. **LA** question qui lui brûle les lèvres.

Après quelques hésitations, Oscar pose finalement sa question:
— Est-ce que mon père vous a déjà déçu quand il était jeune?
— Déçu? Tu veux peut-être dire... désappointé? demande doucement Célestin Brouillard. Pourquoi veux-tu savoir cela?

Oscar répond timidement:
— Parce que moi je déçois mon père.

Surpris, le grand-père Célestin ne sait trop quoi répondre à Oscar. Il prend le temps de réfléchir.

— Pourtant, j'ai parlé à ton père, hier. Édouard m'a dit qu'il était fier d'avoir un fils comme toi.

Oscar Brouillard n'en croit pas ses oreilles. Son père Édouard est donc le pire des menteurs.

— Ça y est, je me souviens de la phrase exacte que ton père a dite, continue le grand-père : « Je suis si heureux d'être le père d'Oscar Brouillard et non le père d'Edgar Sicard. »

Oscar répète :

— Heureux d'être le père d'Oscar Brouillard et non le père d'Edgar Sicard. Se pourrait-il que… ?

La vérité saute aux yeux d'Oscar. Hier, son père ne parlait pas de lui. Il parlait d'Edgar, son meilleur copain.

Oscar est penaud. Heureusement, son père ignore que son fils est un espion. Si son père apprenait que son Oscar écoute aux portes, il aurait raison d'être déçu de lui.

« Parole d'Oscar, mon père n'en saura jamais rien. Dans les grandes occasions, les aigles majestueux peuvent rester muets. Muets comme des carpes », se dit Oscar.

Chapitre 4
Aigle royal
ou simple corneille ?

Dans la maison du 2929, avenue de la Voie-Lactée, c'est le souper. Oscar n'arrête pas de parler. De l'école, des deux cruches Lotarie-Lecoq, de son grand-père Célestin.

Le dessert terminé, le récit d'Oscar
prend une tournure surprenante.

— En revenant de l'école, j'ai aperçu
un aigle majestueux dans le ciel, dit
fièrement Oscar.

— Un aigle ? dit son père, très surpris.

— Oui, un aigle royal, ajoute Oscar.

Le père d'Oscar est de plus en plus étonné.

— Une drôle d'apparition, fiston. Tu es certain de ne pas avoir aperçu une simple corneille ? Ce serait plus normal, puisque le printemps frétille à nos portes.

Pour toute réponse, Oscar Brouillard déploie ses bras et fait semblant de s'envoler.

Il y a des événements qui sont plus difficiles que d'autres à raconter. En effet, comment Oscar peut-il dire à son père que cet aigle l'a même salué? À sa manière d'aigle royal, bien sûr.

D'abord, l'aigle royal a déployé ses ailes majestueuses. Ensuite, il a exécuté quelques vrilles gracieuses. Finalement, il a filé royalement vers l'horizon.

Mais, que ce soit un aigle royal ou une simple corneille, qu'importe à Oscar !

Pour Oscar, l'important est que le printemps fleurisse dans son cœur. Et que les oiseaux puissent déployer majestueusement leurs ailes dans le ciel. En toute liberté…

Épilogue

Cette histoire inventée
est bel et bien terminée.
Mais Oscar Brouillard a
quelque chose à ajouter.

Papa, tu es bien sévère.
Je pense que tu exagères
en accusant Edgar
de ne pas être débrouillard.
Sais-tu, papa,
que ton fils Oscar
n'est pas du tout certain
qu'il ne ressemble en rien
à son copain Edgar ?

Oscar

Il serait bon,
pour Oscar Brouillard,
de parler avec son père Édouard
de tout et de rien,
du printemps qui s'en vient
et pourquoi pas
de son meilleur copain,
le timide Edgar Sicard.

Table des matières

FRANÇAIS

L'auteur nomme souvent
des animaux dans l'histoire
Oscar n'est pas un braillard.
Remplace les ■
par des noms d'animaux.

1 Il vaut cent fois mieux être
un ■ majestueux qui déploie
ses ailes qu'une ■ mouillée
clouée au sol.

2 Les ■ sont bien chanceux.
Plus ils boivent, moins ils ont besoin
de faire pipi.

3 Oscar Brouillard ! Oscar Braillard !
Petit ■ ! Gros bébé lala !

4 Dans les grandes occasions,
les ■ majestueux peuvent rester
muets. Muets comme des ■.

5 Tu es certain de ne pas avoir aperçu
une simple ■ ?

Associe ce qui va ensemble.

1 Voie-Lactée

2 Météores-Filants

3 Galaxies vagabondes

4 Constellations laiteuses

5 Nébuleuse infinie

A le nom d'un musée

B le nom d'un labyrinthe

C le nom d'une rue

D le nom d'une bulle

E le nom d'une école

Bon anniversaire !

Oscar est né le 29 février
d'une année bissextile.

Fabrique un carnet
d'anniversaires.

- Informe-toi du jour, du mois
  et de l'année de naissance
  de tes amis et des membres
  de ta famille.

- Choisis un cahier spécial
  et décore-le
  avec des matériaux recyclés.

  EXEMPLES

  des bouts de laine, des rubans, du tissu,
  du papier d'emballage, des autocollants,
  des découpages de revues

- Prépare une page
  pour chaque mois de l'année.

Consulte régulièrement
ton carnet d'anniversaires.

Des noms originaux

L'auteur utilise des noms originaux
pour identifier des endroits.

Voie-Lactée, Météores-Filants,
Galaxies vagabondes

Prépare une affiche
de noms originaux
de l'endroit où tu vis.

- Consulte des cartes géographiques,
  un annuaire téléphonique,
  des dépliants publicitaires
  ou touristiques.

- Fais une liste de noms
  qui te semblent intéressants.
  Écris ce que représentent ces noms.
  EXEMPLES
  une rue, une école, un commerce

- Réalise ton affiche.
  Utilise des photos,
  des dessins
  ou des découpages.

**Attention
à l'orthographe
des noms !**

Présente ton affiche à tes amis.

Petites charades

Mon premier est un animal.
Mon deuxième est une partie
de la phrase.
Mon tout est une limousine
du désert.

Mon premier est un article.
Mon deuxième est un animal
de la ferme.
Mon tout est le nom de famille
d'un ennemi d'Oscar.

Mon premier est une voyelle
qui porte un accent aigu.
Mon deuxième est le contraire
de rude.
Mon troisième est la première syllabe
du mot arbre.
Mon tout est le prénom
du père d'Oscar.